Gedichte für Menschen

die unsere Heimat lieben

oder sie erkunden wollen

Gerda Greschke-Begemann

Sanfte Heimat – Detmold und Teutoburger Wald

Bibliografische Information der Deutschen Natio-
nalbibliothek:
Die Deutsche Nationalbibliothek verzeichnet diese
Publikation in der Deutschen Nationalbibliografie;
detaillierte bibliografische Daten sind im Internet
über http://dnb.dnb.de abrufbar.

Cover +Fotobearbeitung: Dr. Peter Greschke

Herstellung und Verlag: BoD – Books on
Demand, Norderstedt

ISBN: 9783751922944

Sanfte Heimat

Detmold und Teutoburger Wald

Blick auf die Erlöserkirche vom Schlosspark

Statt Vorwort ein Rückblick

Schöne alte Stadt

Am nordöstlichen Fuß des Teutoburger Waldes,
zunächst nur ein Waffensammelplatz,
dann Ort einer Karolingerkirche,
hat sich seit dem achten Jahrhundert
die Stadt Detmold entwickelt.

Zerstörungen im Weltkrieg blieben der Stadt erspart,
gelitten hat sie nur in Zeiten des Modernisierungswahns.

Doch die meisten Kostbarkeiten hat die Stadt sich erhalten
und ihre Chronik ist noch abzulesen
in Gassen mit uralten Fachwerkhäusern,
oder am Schloss, das einst Burgbefestigung war,
bis man es umbaute im Stil der Weserrenaissance.

Geschichte atmen die Reste der grauen Stadtmauer
die vor 600 Jahren die Bürger schützen sollte
vor Eindringlingen und Feinden.
Dennoch starben so viele
bei den Bränden von 1447 und 1576,
und im furchtbaren 30-jährigen Krieg
mit den schlimmen Pestepidemien danach.

Frauen, Männer, sogar Kinder
wurden als Hexen verdächtigt,
verfolgt und grausam ermordet.

Stolze Residenzstadt des lippischen Landes
war Detmold schon seit dem13. Jahrhundert,
sogar Landeshauptstadt bis 1947;
Sitz der Bezirksregierung ist sie noch heute.
Auch wenn Detmold längst nicht mehr Hauptstadt ist,
hält es fest an Landesmuseum und -Theater,
will weiterhin Kulturstadt sein.

Reiche Bürgerhäuser entstanden früh,
später ein Sommerpalais für den Herrscher
mit exotischen Bäumen und Wasserspielen im Park.
Gegenüber vom Burggraben im Herzen der Stadt
wurde ein Hoftheater installiert,
denn die Grafen und Fürsten zu Lippe
hielten prächtig Hof in ihrem Schloss,
das sich mit Mauern und Gräben vom Volk abgrenzte.

Den Friedrichstaler Kanal ließen sie anlegen
für ihre Gondelfahrten hinaus aus der Stadt
bis zum geplanten Lustschloss auf der Inselwiese,
das jedoch nie über Fundamente hinauswuchs.
Heute ruhen die einstigen Schleusen
und die alte Mühle am Ende des Kanals,
aber die Lindenallee lädt zum Spaziergang ein.

Stolz ist Detmold auf seine Literaten und Denker:
Malwida von Meysenbug kämpfte für Frauenrechte,
überwand Denkkonventionen;
Christian Dietrich Grabbe schrieb Dramen in neuer Form,
die Sicht auf ihn ist zwiespältig heute,
denn die Nazis schätzten sein Werk;
Ferdinand Freiligrath, der politische Dichter,
wurde in Detmold geboren
und Georg Weerth, ein fortschrittliche Denker,
dem auch arme Menschen wichtig waren,
wuchs hier auf;
Albert Lortzing komponierte und wirkte am Hoftheater,
selbst Johannes Brahms war Musiklehrer
am fürstlichen Hofe.

Kriegslüstern waren die Detmolder nicht,
Fürstin Pauline verspottete ihre männlichen Untertanen:
Die kleinen Söhne des Cheruskers
sind keine großen Krieger, sagte sie verächtlich.
Im Lied vom lippischen Schützen wird berichtet,
dass der Frankreich-Krieg schon zu Ende war,
als zuletzt die Soldaten aus Lippe ankamen.

Eigensinnig sind lippische Protestanten,
sie beharren noch heute
auf ihrer reformierten Landeskirche,
feiern Gottesdienste in der Erlöserkirche,
deren Ursprung zurückgeht auf romanische Zeit;
neben dem Burggraben am Markt steht sie.

Als Symbol für kulturelle Eigenständigkeit
gilt noch heute die lippische Rose.
Aus dem alten Siegel und Wappenzeichen
in Form einer fünfblättrigen Blüte,
überliefert aus dem 12. Jahrhundert
vom Schild der Landesherren,
wurde die Lippische Rose 1305 zum Siegel der Stadt,
ziert heute sogar das Wappen von Nordrhein-Westfalen.

Geliebtes Lipperland

Blick vom Hiddeser Berg

Sanfte Heimat im Frühling

*V*on der Bank unter dem Weißdorn reicht der Blick weit
Über geschwungene Hügel und weite Täler,
Es öffnet das Herz sich ausgebreiteter Schönheit.

Gelbes Scharbockskraut und weiße Buschwindröschen
Weben Gobelins am Boden des kahlen Waldes,
Freundliche Veilchen nicken mir fröhlich zu.

Wilde Kirschen am Wegrand sind kurz vor dem Aufblüh'n,
In den Zweigen hüpfen zwitschernd singend kleine Vögel,
Und in den Buchenwipfeln flöten Amseln süße Liebeslieder.

Felder, grün und braun, unterbrochen von Feldgehölzen
Zusammen mit frischgrünen Wiesen
Zeichnen großzügige Muster über die Hänge.

Dichte Wälder säumen oben die Berge
Geben Geborgenheit Menschen und Land.
Auch wenn auf dem höchsten Berg gegenüber
Der Hermann sein Schwert martialisch hebt:
Ich liebe meine sanfte Heimat.

Detmold Hermannsdenkmal

Heimkommen

Wer nach Detmold kommt
Ins Lipperland
Wird selbstbewusst begrüßt
Von Hermann, dem Cheruskerfürsten,
Der starr auf seinem Sockel steht.

Vor mehr als zweitausend Jahren
Hat er Germanen versammelt
Im Teutoburger Wald
Und zur Armee aufgestellt,
Um die Römer zu vertreiben.

Blutig waren die Schlachten
Bis die Germanen gesiegt
Und sich befreit haben
Von ausufernder Macht der Römer.

Mir ist das Denkmal nur Zeichen von Heimat.
Komm ich von einer Reise heim
Und seh' den Hermann auf der Grotenburg,
Weiß ich, dass ich zuhause bin.

Zwischen Horn und Holzhausen

Die Externsteine

Aus Urzeiten geblieben,
in Millionen Jahren geformt,
noch immer geheimnisvoll,
ragen die Steine auf neben dem Wasser,
spiegeln sich dort bei Sonnenschein.
Ganz sanft liegen Wald und Wiesen ringsum.

Der Besucher kann über grobe Stufen aufsteigen
vorbei an Kammern und archaischen Fenstern,
die ihre Geheimnisse seit Jahrhunderten wahren,
bis oben zur Brücke, die zwei Felsen verbindet.

Grotten wurden in den Stein gehauen, von wem?
Ein offenes Felsgrab unten am See
gibt weitere Rätsel auf,
bei Nebel kriecht Gänsehaut über den Rücken.

Kirchengelehrte und Volkskundler streiten sich,
welches Volk, welche Religion hier schon herrschten.
Doch zuverlässig schweigen die Felsen,
geben ihre Rätsel nicht preis,
sind aber gerne das Ziel
eines wissbegierigen Wanderers.

Balsam für die Seele

Geheimnisvolles Murmeln
Fröhliches Plätschern
Und leises Rieseln
Manchmal kräftiges Rauschen
Wenn frisches Wasser
Im romantischen Tal
Über Felsen und Kiesel
Oder goldenen Sand strömt.

Zaubervoller Mischwald
Mit Farnen und Blüten
Und dem Duft von Waldreben
Rahmt den Silberbach ein.

Ein uriger Pfad über Wurzeln und Steine
Führt am ungezähmten Bach entlang
Dann weiter hinauf zum Berg Velmerstot.
Hölzerne Brücken queren das Wasser
Bieten schönste Bilder dem Wanderer
Der in malerischen grünen Winkeln
Anhält und dem Vogelsang lauscht.

Hiddeser Bent

Im Moor

Weiß wiegen die Köpfe des Wollgrases sich
Schimmern durch den Birkenwald
Der das Moor begrenzt.

Grünbraunes Torfmoos unter Büscheln von Gras
Setzt erhobene Tupfen ins Nass
Über das uns ein Steg führt.

Späte Libellen beim letzten Flug des Abends
Scheinen ziellos zu jagen überm Moor.

Die Abendruhe wird getränkt
Von Vogelgesang am Waldrand.

Unter der Falkenburg

Geisterschlucht

Längst herrscht Natur wieder hier
wo jahrhundertelang Sandstein gebrochen wurde
für die Bauten der mächtigen Herren
und ihre Falkenburg auf dem Berg.
Hinter Felsbrocken, Stämmen, gebrochenen Ästen,
die weich bedeckt sind von Moos,
liegt heute die wilde Geisterschlucht
als wolle sie sich verbergen.

In den Felsklippen zeigen sich Gesichter
dem, der mit offenem Geist schauen kann.
Ist dies der Grund für den Namen „Geisterschlucht"?
Oder wohnen die Geister von Männern hier,
die in alten Zeiten des Steinbruchs
bei schwerer Arbeit verunglückt sind?

Tief im Wald bei Hiddesen

Mordkuhle

Neugierig macht der Name dieser Höhle
Die niedrig in Kalksteinschichten führt.
Als Kinder wanderten wir hierher
Angelockt vom unheimlichen Namen.

Gruselgeschichten haben wir ausgedacht
Und uns gegenseitig Angst gemacht.
Es heißt, dies war die Höhle von Räubern
Und wir rätselten, welcher Mord hier geschah.

Doch beweisen lässt sich gar nichts
Wir Lipper können sehr verschwiegen sein …

Manch Wanderer sucht noch den schmalen Pfad
Durch den Laubwald mit schlanken Buchen
Bis zur Kalksteinwand mit der Höhle.
Dort findet er nun ein starkes Gitter
Es schützt die schlafenden Fledermäuse.

Den Stemberg hinunter nach Holzhausen

Vogeltaufe

Bevor nach Holzhausen der Wald sich öffnet
unten am Hange des Stembergs,
findet sich aus behauenem Stein
ein Denkmal zu einer uralten Sage.

Als die Wälder noch weiter reichten
und geheimnisvoller waren als heute,
wollte ein eifriger Abt
die Heiden des Lipperlands taufen.

Aus Paderborn waren Mönche unterwegs,
um die Zeremonie zu begleiten,
doch sie wurden auf dem Weg überfallen,
kamen nicht an zum religiösen Geschäft.

Abt Anastasius gab dennoch nicht nach
und taufte energisch die Heiden.
Abbio von Thiotmalli, ein Westfale,
Freund des wehrhaften Widukind,
sollte seinen nordischen Göttern entsagen.

Als er die Namen nannte
von Wotan, Saxnot und Donar,

rauschten Hunderte kleiner Vögel heran,
sangen lieblich und laut wie nie zuvor gehört.

Für welchen Gott sie sangen,
weiß niemand, doch geblieben
ist der Name Vogeltaufe
für diesen wundersamen Ort.

Park in Berlebeck

Papiermühle

Seit 1594 steht im Tal der Berlebecke
eine malerische Fachwerkmühle,
in der jahrhundertelang Papier entstand.
Ein historisches Juwel ist die Mühle uns heute,
bezaubernd gelegen am Bach im Park.

Doch ihre Mauern wissen um das beschwerliche Handwerk
bei dem Frauen und Kinder gefährliche Arbeit verrichteten,
denn sie mussten in staubigen Lumpenkammern
den Rohstoff aus Hadern vorbereiten,
die schmutzigen Lappen aus Pflanzenfasern
sortieren und mühsam zerkleinern,
dann in stinkende, nasse Keller tragen,
wo das Zeug wochenlang faulte, um weich zu werden.

Papierbrei wurde aus der fauligen Masse geschlagen
mit den schweren Hämmern eines Stampfwerks,
angetrieben von der Kraft des eisernen Mühlrads,
das du in Berlebeck heute noch sehn kannst.
In Handarbeit wurde mit Drahtsieben in dünnen Schichten
Lage um Lage Papier geschöpft aus dem Brei,

dann zwischen Filz ausgepresst vom Gautscher,
schließlich sorgsam zum Trocken aufgehängt.

Ein kleines Schaudern läuft über den Rücken,
dem, der die vergangenen Bilder aufwecken kann
beim Blick von der schmalen Brücke hinunter zum Mühlrad,
das längst schon still steht am fließenden Bach.

Hermannsdenkmal

Aussicht über schönes Land

Jeder kennt es, das Denkmal mit der riesigen Figur
Auf Detmolds höchstem Berg.
Mit drohend nach Westen erhobenem Schwert
Wurde es zu Kaisers Zeiten
Aufgestellt in nationaler Überheblichkeit
Für den Germanen und Cheruskerfürsten
Arminius, der heute Hermann heißt.

Gegen die Römer hat Arminius im Jahre Neun
Die unterdrückten germanischen Stämme geführt
Und in drei Tagen blutiger Schlachten im Wald
Die Eroberungszüge nach Nordosten gestoppt.
Berichtet wird, dass der römische Feldherr Varus
Nach dem Sieg der Germanenstämme
Ins eigene Schwert sich stürzte aus verletztem Stolz.

Weithin sichtbares Landmal ist heute der Hermann,
Für uns Lipper ein Zeichen von Heimat
Gerne erspäht bei der Rückkehr nach Detmold
Scharf seine Silhouette, bevor Gewitter kommt,
Und ihn Wolken verhüllen am nächsten Tag.

Starker Magnet für Besucher und Wandrer ist er
Wie er thront über unseren schönen Wäldern
Und Aussicht gibt für Blicke weit übers Land.

Unterwegs – Bilder

Detmold - Büchenberg

Hohe Buchen

Alte Weisheiten fließen durch unsere Arme
Die in Himmel und Erde verwoben sind
Selten nur schweben in einsamen Nächten
Die uralten Wesen heran
Deren Wissen wir in uns tragen.

Duft der Kindheit

An unsrem kleinen Fluss, der Berlebecke,
wurden heut die Wiesen frisch gemäht.
Gerahmt von der Palette jedes Grüns
aus Weiden, Erlen, Eschen und Holunder
duftet in später Sonne nun der erste Schnitt.
Bachstelzen stöbern dort nach Nahrung,
zwei junge Rehe heben ihre Köpfe,
hüpfen dann gelassen weiter.

Geruch von Kindheit steigt aus der gemähten Wiese,
Erinnert an die frühen Glücksmomente
und Bilder aus vergangner Jugend steigen auf:
Zeigen mir am Bach die Spiele,
Pusterohre und verlorne Strümpfe
und manchen Spielgefährten, den es nicht mehr gibt.

Tröstlich tönt heute wieder
Lachen und Plantschen die Böschung hinauf
von neuen Kindern,
die ihre eignen Brücken bau'n.

Unter dem Zedling

Sonnenaufgang am Krebsteich

Wie Feuersglut ist der Himmel gefärbt
Dann steigt die Sonne auf
Wirft Farben auf den Teich
Wald spiegelt sich im Wasser
Das ungetrübt und still noch ruht

Die Konturen von Schilf und Gehölzen
Werden doppelt gemalt
Dem Auge des Menschen
Der sich in Ehrfurcht verneigen mag
Vor wunderschönem Fleckchen Erde.

Ehrfurcht

Flirrende Luft unter Sonnenstrahlen
Schmetterlinge, die fliegende Bilder malen
Reifender Weizen in goldenen Wellen
Glitzernde Fische, die durchs Wasser schnellen
Vielfältiger Wald, der Wasser und Leben webt:
Das schafft nur Natur, die ewig lebt.

Detmold-Berlebeck

Sorgen um meine Heimat

Schwach geworden sind die Fichten und gebrechlich
sie halten dem Mangel nicht mehr stand,
Nachbars Baum ich umgestürzt fand.
Weit streckt er kahle Äste von sich,
sein lebloser Stamm fiel auf mein Land.

Dürr und gelb das Buchenlaub drüben im Wald
Und jeder Nadelbaum dort oben schon tote Gestalt.
Wie lang geht es gut, dass wir ständig älter werden,
aber Wälder, Insekten und Vögel so früh sterben?
Gegen die Natur leben wir. Ihre Ausbeutung ist Gewalt.

Hornoldendorf

Spaziergang Anfang April

Die Veilchen stehn in voller Blüte,
sie decken ganze Wiesenränder,
Baumknospen knistern ungeduldig
und brechen durch den Winterschutz,
es leuchtet gelb das Scharbockskraut.

Zu kurz nur blühten Märzenbecher,
jetzt strahlen Tulpen und Narzissen,
wetteifern steif mit ihren grellen Farben,
unbändig leuchten die Forsythiensträucher
und drängen offensiv sich in den Blick.

Vögel jubeln heftig ihre Werbelieder,
tragen Futter zu den Nestern im Gehölz.

Er lässt auch dieses Jahr nichts aus, der Frühling:
lässt Bäume strahlen blütenschwer,
wirft üppig Farben in das Grün der Wiesen
und Rapsfelder beginnen schon zu leuchten.

Auf der Recke Berlebeck

Mord an einer Buche

Gerne geh ich durch unsern Wald
der Hund läuft voraus den Hang hinauf,
wo mächtige Buchen seit Jahrhunderten erhaben
über menschliches Geschehen hinausgewachsen sind,
Wissen sammelnd aus langer Zeit.
Sie sind weise.

Aus gewaltigen Wurzeln
streben ihre mächtigen Stämme
silbrig-grau zum Himmel
und umgeben sich oben
mit herrlichem Blattwerk.
Dem Verständigen vertrauen sie ihre Geschichten an.

Zwischen den Wurzelfüßen haben in vielen Jahren
sich Mulden gebildet,
sammeln Regenwasser, das mein Hund gerne trinkt.
Ich liebte diesen erhabenen Ort,
doch nun schmerzt die Trauer,
denn der schönste Gigant am Waldweg wurde gemordet.
Er war voller Weisheit.

Gestern fand ich ihn hingestreckt,
seine von Sturz gebrochenen Äste
zwischen den Gefährten verstreut.
Grell blendeten frische Späne, grausig wie Blut.
Was hat er gefühlt, wie hat er gelitten,
der Baum mit dem uraltem Wissen?

Heute schon haben sie ihn weggeschafft.
Geblieben sind unbarmherzige Spuren
und ringsum großes Leiden.
Beißend leuchtet die Wunde des grausigen Schnittes
über verstümmeltem Fuß der einst mächtigen Buche.
Die verbliebenen Brüder stehen erschrocken.

Längst brüteten Vögel im Laub und im Holz
des geschlagenen Gefährten, denn der Sommer beginnt
und mit dem Baum starben Vogelkinder in den Nestern.
Die Klage der Eltern ist Schweigen,
sie haben Kind, Wohnung und Heimat verloren.

Den Weg zu den Buchen nehm' ich nur selten noch.
Mich schmerzen die Spuren des Mordes
und die Wut auf die Menschen,
die ohne Ehrfurcht erschlugen den mächtigen Baum
und seine Weisheit erbarmungslos löschten.

Dem Baumriesen kann ich nicht mehr lauschen,
seine Geschichten fehlen mir sehr,
denn er hatte mir längst noch nicht alles erzählt.

Am Hangstein

Nachts im Wald

Abends erst duften gelbe Waldrebenblüten,
ihre Süße ergießt sich in die Nacht,
überflutet die Aromen andrer Gehölze.

Aus dem Schatten tiefdunkler Dämmerung,
dort, wo Bäume schwarze Mauern errichten,
tönt aufschreckend laut der Ruf einer fragenden Eule.

Im Restlicht über dem Waldweg streichen Fledermäuse.
Pfeilschnell jagen sie lautlos ihr Futter,
unbeirrt von den dauernden Klagen des Uhus.

Fromhausen

Lavendelfeld

Duftendes Blauviolett in Reihen und Wellen,
lieblich wie ein Gruß aus der Provence,
ganz unerwartet im Teutoburger Wald
liegt das Feld und betört die Sinne.
Auf den Wiesen darunter blüht Mohn,
von oben schützt Waldsaum die duftende Flur.

Gebückt ziehen Männer durchs Feld, füllen Körbe
mit dem Ertrag eines glühenden Sommers,
der als kräftiges Aroma weiterleben wird.
Mit den Augen tankt der Besucher Sanftblau,
atmet tief in die Lungen den Duft ein,
der Sehnsucht und Wünsche aufrührt.

Am Sennerand

Ehrwürdige alte Eiche

Du raunst die alten Geschichten.
Wer verstehen kann, hört dich sprechen.
Morde und grausame Kriege hast du gesehen,
Doch auch Liebende im Schatten deiner Krone.

Hast Schutz geboten Menschen, Heimat und Tieren.
Gericht gehalten wurde an deinem starken Stamm,
Vielleicht Verschwörungen und Verbrechen geplant.
Du hast überdauert und Weisheit gesammelt.

Ein Denkmal unsrer Geschichte bist du
Und niemand soll wagen, dich hinzurichten
Mit kreischenden Sägen und schlagenden Äxten.
Wir schulden dir einen sanften Tod
Wenn deine Zeit gekommen ist.

Auf dem Hahnberg bei Heiligenkirchen

Letzter Tag im August

Heut' ist das Glühen des Sommers verflogen,
nach den Gewittern legte sich Kühle aufs Land.

Blank vom Getreide ruhen viele der Felder,
doch weiden noch Kühe und Pferde auf tiefgrünen Wiesen,
wo das Heu nicht zweimal geschnitten wurde dies Jahr.

In den Bäumen der Gärten glänzt Obst prall durchs Laub,
unten am Boden leuchten Kürbisse bunt
unter haarigen Blättern am Zaun.

Wachsen ist langsam geworden.
Reife braucht Zeit.

Am Wallberg in Berlebeck 2017

Rehe

Plötzlich sind sie aus dem Wald getreten
Auf die Weide oben am Hang
Wittern, äugen vorsichtig
Senken die Köpfe dann ins Gras.

Immer wieder prüfen sie
Ob sie wirklich sicher sind
Vor jagenden Menschen.

Manchmal setzen sie Sprünge auf die Wiese
Manchmal hetzen sie zurück
In den Schutz des Waldes
Ohne, dass ich erkennen kann
Warum sie geflüchtet sind.

Immer in den letzten Wintertagen
Wagen sie sich hervor
Denn die Grasfläche der Weide lockt.

Doch vor dem Ende des Sommers
Sind sie wieder verschwunden im Wald.
Sie kennen die Zeiten der Jagd.

In diesem Jahr traute ich meinen Augen kaum:
Als im Februar der letzte Schnee
Im Schatten noch lag
Erschienen die Tiere wieder
Und eines im Rudel war weiß!
Ich sah's nur für kurze Zeit.

Am Krähenberg Heidenoldendorf

Altweibersommer

Manchmal schiebt sich Luft, nicht kalt noch warm,
durchs stumpfe, alte Grün des Blattwerks
und manchmal blitzen Sonnenstrahlen
durch die Wolkendecke.

Faule, braune Äpfel purzeln aus dem Baum
sie rollen übers Gras zur Gartentreppe
und Schnecken folgen ihrer Spur in sachter Gier.

Das Himmelsgrau knüllt sich zu dicken Wolken
macht Platz für Bläue zwischendrin
und ich kann sehen, wie die Wolken reisen.

Ein Rotmilan malt schnelle Linienmuster
vor blau-weiß-grau bewegten Himmel.
Ein Spinnenfaden weht mir ins Gesicht.

Hiddeser Kurpark

Oktober Nachmittag

So ist die Sonne doch gekommen
am Oktober-Nachmittag
und ich geh los mit meinem Hund.
Vom Dorfe unten klingen Glocken
und Pilzduft schwebt verlockend überm Farn.

Viel grünes Laub ist noch vorhanden
im Wald bei uns in diesem Jahr.
Ich freu mich dran, obwohl ich weiß,
auch meine Tage sind gezählt.

Jahreszeiten

Am Osthang der Grotenburg

Der Winter ist vorbei

Die Vögel sprechen nicht mehr winterisch
sondern zwitschern und piepen vom Frühling.
Auch das Wasser sprudelt klar aus dem Berg,
viel zu munter, um noch zu gefrieren.

Ganz fröhlich tobt der Hund durch den Wald,
schleppt Äste heran und springt durch den Sumpf,
übermütig, mit funkelnden Augen.
Moos und Gras leuchten grün wie im Sommer.

Unerwartet tönt über mir Gänsegeschrei,
ihr Zug ist auf dem Rückweg nach Norden!
Ich nehme das als ein klares Signal
dass der schwächliche Winter nun endgültig aufgibt.

Im Heidental

Alles strömt

Voll sind die Bäche und fließen,
im Walde drängt es, alles will sprießen.
Knospen sprengen knackend ihre Hüllen auf
zuverlässig nimmt es den gewohnten Lauf.

Rhythmisch hämmern Spechte in den Bäumen oben
neues Grün von Waldorchideen zeigt sich am Boden.
Lockend singen Vogelmänner ihre Lieder
werben um die Vögelinnen wieder.

Kraftvoll bleibt der Jahreslauf.
Wenn wir sie lassen, gibt Natur nie auf.

Belauscht

Zaghaft schüchtern zirpt der Zeisig,
Amseln üben schon das Flöten,
die Meisen proben Zizzidä.

Orangene Brust des Buchfinks leuchtet kräft'ger
Spatzenhorden zwitschern im Gebüsch,
auch Rotkehlchens Frau ist wieder da.

Nun treibt, ihr Blütensträucher, endlich aus!
Ihr Frühlingsblumen, eilt!
Schmückt Wald und Gärten
zur Vogelhochzeit überall.

Lindenallee auf dem Hermannsweg Hiddesen

Bereit für den Frühling

*N*icht weit muss ich gehen,
dann schau ich über meine Stadt,
die am Fuß des Teutoburger Waldes sich breitet
und in Tälern und Mulden die Hänge hinaufzieht.

Am Bergkamm oben leuchtet durch dunkle Stämme
ein eisblauer Himmel mit orangenen Wolken durchsetzt.
Unten die grünen Hänge mit Wiesen und Wintergerste
werden gegliedert von Hainen und Äckern mit gebrochener
Scholle.

Jenseits des Tales malen Wälder
Konturen am Horizont,
verbergen Geheimnisse,
geben Ansporn dem neugierigen Geist.

Über den Feldern wird frisches Himmelsblau
durch blassrosa Wolken zart angewärmt.
Stählerne Flugzeuge schneiden gleißende Streifen hinein,
tragen sie Menschen oder bringen sie Bombenunheil?
Wie ein Halbkreis liegt fern der Abendmond,
hat sich abgewandt und erscheint unbeweglich.

Aus den Feldern rieselt Wasser
in schmalen Gräben hinunter zum Bach,
der es sammelt und weiterträgt zum Fluss in der Ebene.
An der Böschung tragen hohe Gräser noch Winterbraun,
doch unten am Grunde treibt schon der Kalmus frischgrün
und der Huflattich drängt zur Blüte.

Doch schärfer als meine Augen es sehen
haben die Ohren Gewissheit vom nahenden Frühling:
Laut jubeln die Vögel ihr Abendlied
von Hochzeit und Wärme und Wandel.
Ihr Singen wird immer untrüglich sein,
ist einzig sicher in kritischen Zeiten.

Auf dem Königsberg

Zwanzigster März

Heute ist Frühlingsanfang,
in der Nacht noch hat es frisch geschneit,
später wurde der Himmel klar
und die Sonne kam heraus,
leckte den Schnee langsam auf.
Bald lag er nur noch an den Schattenkanten
von Bäumen und Sträuchern.

Auf der Südseite des Königsbergs hab ich gesucht
nach Anzeichen von Frühling
und ein kleines bisschen hab ich gefunden
an gelber Frühlingsfarbe.

So hat die Kornelkirsche ihre Blüten aufgespreizt
und Scharbockskraut leuchtete am Weg.
Die Hüllen der Weidenkätzchen öffneten sich zaghaft
vor strahlendem Himmel.
Es lag ein Sehnen nach Frühling über dem Land
oder war es nur in mir?

Im Schling

Verheißung von Frühling

Über Nacht wurden Gräser frisch gestrichen
Gelbes Blütenlächeln blitzt schon manchmal auf
Im Wald, in Gärten und auf Wiesen.

Wasser plätschert jetzt verheißungsvoll
Fröhlich hüpfend eilt es in wärmeres Tal
Erzählt vergnügt von kalten Quellen.

An den Ufern schnörk'liger Bäche
Öffnen Haseln ihre weichen Trauben
Bewirten erste, hungrige Bienen.

Vielfältig Konzerte freiender Vögel
Füllen den Abend heiter mit Jubel
Versprechen neues Leben endlich.

Schwesternberg Berlebeck

Blumenteppiche

Und plötzlich sind sie ausgerollt,
die weißen Teppiche aus Buschwindröschen
mit feinem Schimmer Violett
auf strahlend weißen Blüten
am Südhang des Waldes.

Auch Veilchenkissen laden ein,
die Sinne zu öffnen für Farben und Duft
hervorgebracht von Frühlingssonne
in zwei warmen Tagen
so lange schon erwartet.

Königsberg beim Freilichtmuseum

Sommerversprechen

Ein weicher Duft schwebt über dem Weg,
der zwischen blühenden Feldgehölzen
durch Felder und blumige Wiesen führt.

Von wilden Rosen, Klee und süßem Frühjahr erzeugt
streicht er bis unter die Bäume,
wo der Waldmeister blüht.

Samtig, fröhlich, streichelt Honig-Aroma das Land
belebt heiter die Seelen
verspricht einen kraftvollen Sommer.

Auf dem Kupferberg

Sommerbild

Aus blauem Himmel
Tropft Lerchenmusik hinab
Auf duftend gemähte Wiesen.

In schattiger Hecke
Unter verlassenen Nestern
Füttern Amseln die kaum flüggen Jungen.

Aus Singdrosselkehle
Im Gipfel der Sommerlinde
Perlen Töne, fädeln süße Melodien.

Ins Bild schwebt ein Bussard
Äugt nach Mäusen am Boden
Halte fern dich, geliebte Lerche!

Donoper Teich

Ein Hoffen auf Abendkühle

Die aufgehende Sonne schmilzt Morgenrot
Spiegelt Bäume auf glasglattem See
Kein Windhauch bewegt die anschwellende Wärme
Die Tiere des Waldes verrichten ihr Tagwerk schon früh.

Am Mittag breitet satte Ruhe sich aus
Kein Vogel singt mehr, nichts raschelt im Grün
Nur Insekten und Käfer arbeiten ruhelos
Und der Bach plätschert unentwegt weiter.

Fingerhut und Weidenröschen blitzen rosa und lila
Aus dichtem Grün, sie locken und nähren die Bienen,
Prächtig schillern Libellen auf unerklärlichem Flug
Malen bewegte Muster gemeinsam mit bunten Faltern.

Hitze liegt auf dem Wald, sie brütet Samen zur Reife
Unbeweglich lagert Rotwild im Dunkel des Dickichts
Auch der Wandrer sucht Schatten und rastet.
Es wird Zeit für den kühlenden Abend.

Klüter Berg

Regen fehlt

Ja, es ist noch grün, mein Lipperland,
doch hat es gelbe Schatten,
kraftlos und wie ausgebrannt
sein Boden, hart wie Platten.

Der Wald wirkt alt und abgemüht
verhärtet sind die Weiden,
die Stauden viel zu früh verblüht
Wie lange muss mein Land noch leiden?

Blick vom Freilichtmuseum nach Westen

August 2019 Trockenheit

Es singen die Vögel nicht mehr.
Nur selten fällt Regen in dünnen Strichen
auf Land und Wälder. Er kommt zu spät.

Das Laub in den Spitzen der Kronen
ist weit vor der Zeit gelb geworden.
Es kann nicht mehr trinken.

Tote Fichten stechen anklagend braun hervor
aus der Linie oben am Bergkamm.
Sie zerbrechen das umgebende Grün.

Wo früher das Herz beim Spazieren im Wald
neue Kraft fand und Freude auftankte
herrscht sorgenvolle Stille nur.

Allee beim Sommertheater

Letzter Tag im September

Er fühlt sich traurig an
Der letzte Tag dieses Septembers
Und selbst die Enten sehen melancholisch aus
Im Wasser neben der verlassenen Allee
In der die müden Blätter von den Linden taumeln
Und feuchte Muster auf die Wege malen.

Vertraute Bilder

Ein warmer Wind lässt gelbe Blätter regnen
Aus den Feldgehölzen längs der Wiesen.
Wie Messing und Kupfer strahlt das Laub des Waldes
Im Oktobersonnenschein.

Im Dorfe unten schmücken Hausfassaden
Mit rotem Weinlaub sich, bevor die Kälte kommt.
Späte Rosen lächeln aus den Gärten
Und letzte Sonnenblumen drehen ihr Gesicht zum Licht.

Es sind vertraute Bilder meiner Heimat,
Sie stehen für Geborgenheit.

Norderteich

Septembersonne

Wenn die Luft schon kühler
Doch die Sonnenstrahlen warm,
Wenn das Grün der Bäume alt wird,
Im Abenddunkel Gänse schnarrn,
Weil ihre Reise sie bequaken
Am See hinter dem Feld,
Wenn auch Kraniche und Schwalben
Sind auf Abschied eingestellt
Und die Morgennebel länger liegen
Auf den leeren Fluren,
Zieht Septembers Sonne
In das Herz schon Wehmutspuren.

Dieser erste Hauch von Herbst

*N*och sind die Wiesen saftig frisch
am Abend werden Rehe weiden
an diesem reich gedeckten Tisch.
In Zäunen flirren erste Spinnenseiden.

Obst reift prächtig an den Bäumen
umgeben noch von tiefem Grün,
am Waldboden in allen Zwischenräumen
Pilzfrüchte sich zum Licht hin ziehn.

Die jungen Schwalben üben für den Vogelflug
und treffen sich auf Drähten zwischen Masten.
Sie lauschen, wie die Alten planen schon den Zug
und wann sie starten werden, wo sie rasten.

So schnell wurden die Felder abgemäht
und leuchten nun nicht golden mehr.
Wo jetzt noch eine Blume steht
fliegt bald ihr Same nur umher.

Wie kann es sein, dass dieser Sommertag,
trotz aller Schönheit in dem reifen Glühen,

in dem Betrachter Wehmut rühren mag
und Trauer um vergänglich' Blühen?

Herbst im Heidental

Gold liegt auf der Straße

Das Gold der Bäume liegt nun auf den Straßen
Im Wald auf weichen Wegen spielt es mit Wandrers Schritt
Buchenkronen haben umgefärbt sich über Nacht
Und kupferfarben ist der Wald geworden
Nur im Unterholz noch leuchtet's gold.
All diese letzten Blätter zittern schon, zum Flug bereit,
Der schwebend, taumelnd, sie den Lebenskreis
Beschließen lässt
Zurückführt auf den Boden, der sich von ihnen nährt
Um Kraft zu schöpfen für ein neues Leben
Immer wieder.

Von Bad Meinberg nach Oerlinghausen

Feuriger Rausch

Durch die Herbstlandschaft fuhr ich
vergaß, welches Ziel vor mir lag.
Jeder Sinn war gerichtet auf Farbenpracht,
fast wie Schmerz drang das Leuchten ins Auge,
brannte sich in Haut und Gehirn,
gab der Zunge Aroma von Erntedank,
Illusion von Gewürzen der Nase
und Musik in die Ohren wie niemals gehört.

Langer Sommer, er schickte zum Abschied mir
orangene Glut von den Sträuchern am Weg,
von den Feldern, die ohne Getreide nun lagen,
das blendende Blond der vergessenen Stoppeln.
Wie fruchtiger Rotwein das Laub mancher Bäume
im Meer des umgebenden goldenen Waldes.

Welch Vielfalt an lebender glühender Pracht
sich verwob in den Bäumen dort oben am Berg!
Konnt' die Namen der Farben nicht nennen,
zu dürftig erschienen mir Worte für das,
was die Herbstsonne vielfältig zauberte:
Feuriger Rausch und ein Gruß des erfüllten Sommers.

Am Hangstein

Erntedank im Wald

Der Wald hat jetzt bis oben zum Berg
sein Füllhorn geschüttet und zeigt uns das Werk,
das er im langen Sommer hat geschaffen.
Nun kann geerntet werden. Tiere müssen Vorrat raffen
für harte Zeiten, die noch kommen,
wenn Licht und Wärme sind genommen.

Heut aber leuchtet ein prächtiger Tag
und wo morgens noch der Nebel lag,
strahlt Ahornlaub orange und rot
als des üppigen Herbstes Anfangsgebot.

Jetzt feiert Natur ihr Erntedankfest,
verschenkt freigiebig des Sommers Rest,
verzaubert mit Düften und Farben
versorgt Tiere mit notwendigen Gaben.

Drinnen im Walde herrscht Überfluss,
ohne Sorgen schwelgen Tiere im Genuss.
Eicheln reifen, auf duftenden Boden fallen Haselnüsse,
Buchenblätter streifen Haut wie zarte, gelbe Küsse.

Knollig treiben Pilze aus dem Boden, spreizen ihre Hüte,
in Gruppen, einzeln, klein und groß, in jeder Güte;
die würzigen Düfte nimmt begierig der Wanderer auf,
genießt Formen und Farben des Jahreslaufs.

Wenn wir später den Wald verlassen,
liegen glänzend Kastanien im Gras, nach denen wir
fassen.
Verzaubert wie ein Kind heben wir sie auf,
stecken eine in die Tasche, sie kommt mit nach Haus.

Hasselbach-Stausee

Starker Herbsttag

So wie das Jahr neigt dieser Herbsttag sich,
wirft golden späten Sonnenschein aufs Land,
lässt Wiesen strahlen und das Laub erglühn.
Er spreizt in satter Schönheit sich,
dringt durch die Augen bis ins Herz.

Im glatten Spiegel des Hasselbachsees
verdoppelt sich das Herbstbild noch,
bedeckt die Bitterkeit enttäuschter Seelen,
macht wieder stark, die Alltagsbilder auszuhalten.

Das liebe ich an meiner sanften Heimat,
dass ihre Schönheit Kraft zum Weiterkämpfen gibt.

Diestelbruch

Herbstbeginn

In den Buchenkronen schimmert oben kupfrig Gold
Verbraucht ist das Grün der andren Blätter
Die Wiesen wirken müde.

Noch leuchten in den Gärten Sonnenblumen
Wie Soldaten harren sie bewegungslos
Doch ihre Köpfe hängen tief.

Prall strahlen rote Äpfel hoch im Baum
Dort, wo der Mensch sie nicht erreichen kann
Werden trotzen sie dem kalten Herbst.

Hasselbachtal

Neunzig Herbste vielleicht

Wenn nun im Wald die Bäume ihre Blätter streuen
weil schweren Regen sie nicht länger tragen können
und auch der Wind an ihnen zerrt
dann dürfen in den Bächen sich die Fische freuen
weil's Wasser steigt. Es sei ihnen zu gönnen:
Auch wilder Herbst hat seinen Wert.

Er gibt den Wäldern neue Leichtigkeit
nimmt Sommers Last von ihren Ästen
bereitet sie zur Winterruhe vor.
Wer lange lebt, hat vielleicht neunzig Herbste Zeit
zu lernen, wie als kurzer Gast der Erde wir am besten
den Nachgebor'nen dienen als Mentor.

Oberhalb von Hornoldendorf

Abendspaziergang

Richtig durchgepustet hat mich der Wind
und kalt war es da oben vorm Wald.
Hätt' ich den Hund nicht,
ich wäre nicht aufgebrochen
ins feindliche Wetter.

So aber habe ich Bilder bekommen
des aufsteigenden Vollmonds
und des leuchtenden Abendsterns
trotz drohender Wolkenballen,
die eilig getrieben wurden
vom heraufziehenden Sturm.

Sie zogen ganz niedrig über den Berg,
ließen den Blick frei auf Venus und Luna,
die weit über uns unbeirrt strahlten.

Bei den Berlebecker Quellen

3. November

Noch einmal mit den Augen Farben tanken,
die im Herbstwald gelb und rot und golden prangen,
bevor der Winter sie schon bald verlöschen
und in Schwarz und Grau verwandeln wird,
das später er mit Weiß bedeckt.

Ruhig ist es heute hier, ich bin allein,
nur unter mir die Quellen speisen unermüdlich
Rohre und Becken des Wasserwerks.

Dies sind die Tage, wenn beim Spazierengehn
die Gesichter mancher lieben Freunde
aus grauen Stämmen oder bunten Zweigen
mir unverhofft erscheinen,
mich anschauen und lächeln,
obwohl sie längst gestorben sind
und freundlich mahnen
an eigene Vergänglichkeit .

Rundgang am Zedling

Novemberspaziergang

Als der Nebel aufgestiegen war
und in der Höhe nur noch
die Waldessilhouette sanft entschärfte,
da gab November einmal noch sattreife Farben frei
des letzten Laubes, rotgold glühend in der Sonne.
Lange, schmale Schatten malte sie
auf meinen laubbedeckten Weg.

Als sie am Nachmittag früh unterging,
errötete der Himmel feurig.

Zum Stemberg hinauf

Schneewanderung

Unter grauem Himmel sind wir losgezogen,
denn oben am Berg lockt der Schnee blendend weiß.
Längst haben wir schwarze Straßen verlassen
und wandern zum Licht,
das der Schnee uns verspricht.

Was im Sommer so grün, sind nun weiße Flächen,
gebrochen von Linien aus Hecken und Wald,
wo die Vögel suchen ihr tägliches Mahl.
Einsame Bäume starren schweigend ins Land,
schlafen lautlos, ergeben sich Winter und Sturm.

Auch wir ziehen schweigend, der Schnee nur gibt Laut,
weil er knarrt unter schwerem Tritt,
wenn wir Pfade zeichnen ins ruhende Land.
Überm Berg klart der Himmel langsam auf,
helles Blau zeigt sich nun und Sonne trifft Schnee.

Aus Diamanten ein Meer schwillt strahlend heran,
überwältigt die Augen mit blendendem Funkeln.
Der Blick zurück zeigt unten das Dorf,
wie es badet in Gold und in Silber.

Mit Augenzwinkern

Heiligenkirchen-Schling

Ostern 2020

$\mathcal{F}$rischer Frühlingswind treibt weiße Blütenblätter
Entlang der wilden Hecken vor dem Wald
Bis sie auf grüne Wiesen sinken
Die unter Sonnenstrahlen leuchten.

Hainbuchen spreizen neue Blätter hin zum Licht
Aus ihrem Schatten kommt ein Hase vor gehoppelt
Nur heute trägt er einen Eierkorb und spricht:
„Zu Ostern wünsch ich Frühlingsfreude doppelt!"

Unter der Grotenburg im Wald

Sturm Winter 2018

Gar garstig sieht's im Walde aus
Heut sah ich's, wie der Sturm hat gehaust,
War unterwegs am Grotenburg-Hang,
Doch es war kein unbeschwerter Gang.

Im Sturmkrieg sind viele Riesen gefallen
Konnten nicht länger sich im Boden festkrallen.
Sterbend liegen viele noch im Wald,
Es bleibt die Hoffnung auf Erneuerung bald.

Die Wälder bei uns waren lange gesperrt
Ich gebe zu: Das war nicht verkehrt.

Schwesterberg Berlebeck

Im Wettstreit

Im Buchenwald oben wallen Teppiche
von weißen Buschwindröschen
sie verstecken am Abend die gelben Herzen,
schimmern dann rosig, dezent elegant.
Geliebte Veilchen, die üppig am Wiesenrand blühen,
wirken bescheiden, so wie Mädchen
es in Poesiealben schreiben.

Blendend leuchten die Sterne des Scharbockskrautes,
versprühen ihr Gelb in jeden Winkel,
noch prächtiger drängt Forsythie sich in den Blick,
möchte arrogant dominieren.
Stolze Tulpen schieben ihre Farben hervor,
wetteifern mit steifen Narzissen,
die affektiert ihre Röcke spreizen.

Lungenkraut und Thymian werden geliebt
von frühen Bienen,
Päonien rollen borstig ihre Stängel aus,
heiteres Wiesenschaumkraut öffnet zart seine Blüten,
schwebt hellviolett über stämmigen Gänseblümchen.

Laut schreit die Magnolie nach Aufmerksamkeit –
nur die Gartenbesitzer denken schon wieder
ans Rasenmähen.

Beim Krebsteich

Gestörter Tagtraum

Still wandle ich durch Wald und Flur,
genieße glücklich die Natur,
ein Tagtraum voller Schönheit pur.

Sattgrün sind Gras und Schilf am Bach.
Plötzlich Bewegung vor mir – ich bin hellewach!
Versteinert steh ich still ganz bange
und fürchte mich vor einer Riesenschlange.

Die schaut verdutzt und leicht verdattert,
als ich die Flucht ergreif' vor harmlos Ringelnatter.

Nachbarschaft

Das Laub vom Nachbarn

Du kannst dich ärgern oder freuen,
wenn Bäume ihre Blätter streuen
doch ändern kannst du nichts daran.
So ist der Herbst – jetzt fängt er wirklich an.

Anstatt das Laub laut weg zu blasen
mit widerlichen Motorgasen,
nimm Rechen und 'ne Schaufel dir,
bau einen Haufen fürs Getier.
Schon' deine Nerven, sei nicht kleinlich,
ein Laubhaufen ist gar nicht peinlich.

Am Schwesternberg

Anfang März 2019

Weich wie ein Sumpf sind die Wiesen am Berghang
nasse Füße macht dort der Hundespaziergang.

Da such' ich lieber festen Steg
und gehe durch den Primelweg.

Vereinzelt und zaghaft nur blüht's in den Gärten
ich will es als Zeichen von Frühling bewerten.

Frecher Herbstwald

Ein kurzer Wind streicht durch die Wipfel
der prächtig umgefärbten Eichen unter strahlend Sonne.

Plötzlich prasseln Eicheln laut wie dicke Hagelschauer
auf meinen Waldweg und ins Unterholz.

Ich steh verdutzt und hoffe,
dass keins der knatternden Geschosse
auf meinen Kopf gefeuert wird.

Ein Eichhörnchen verharrt am Stamm,
mir scheint, es grinst gar schadenfroh.

Was denkt ein Adler?

Heute Abend ging ich mit Jay eine andere Runde,
auf den Feldern weit draußen ließ ich ihn frei.
Mögen Adler wohl kleine dicke, weiße Hunde?
Ich überlegte besorgt, ob er ihr Beuteschema sei.

Erst sah ich den Bussarden zu und ihrem seltsamen Spiel,
sie riefen sich balzend, stiegen auf, stürzten ab,
immer wieder.
Dann kamen die Adler, denen der Freiflug am Abend
gefiel.
Gleitend in Kreisen kamen sie nah hernieder
und sahen so groß und gefährlich aus.
Aber mein Hund so klein! Ich machte mir Sorgen,
rief ihn zu mir, wollte schnell nur nach Haus.
Gefährlich schien mir, was im Adlerhirn verborgen.

Weil es jährlich ca. 100.000 Neuerscheinungen auf dem deutschen Buchmarkt gibt, freue ich mich besonders, dass du dieses Buch gefunden hast und hoffe sehr, dass es dir gefallen hat.

Es ist schwer für uns AutorInnen, in den digitalen Katalogen aufgefunden zu werden, aber wenn du diesen Gedichtband magst, kannst du mir mit deiner Bewertung auf einer Verkaufsplattform helfen, etwas sichtbarer zu werden. Ganz besonders freut es mich, wenn du das Buch empfiehlst und es über den örtlichen Buchhandel bestellt wird.

Die Autorin:

Viel erleben und darüber schreiben – das war und ist mir wichtig im Leben. Ich liebe die Natur und das Reisen, sammele mit Begeisterung neue Eindrücke, führe Gespräche mit vielen Menschen und kann gut zuhören. Daraus wachsen oft Impulse zu meinen Geschichten und Gedichten. Selbst wenn ich beim Spaziergang mit dem Hund mit jemandem ins Gespräch komme, erfahre ich fast immer kleine oder große Geschichten.

Geboren wurde ich 1952 im westfälischen Detmold und bin dort aufgewachsen. Schon ganz früh habe ich mich danach gesehnt, in die weite Welt hinausgehen zu können und die meisten meiner Träume konnte ich verwirklichen. Ich lebte mit meiner Familie in verschiedenen Ländern und wir sind viel gereist. Gerade deshalb habe ich gelernt, meine Heimat zu lieben und lebe seit 1989 wieder in Detmold.

Studiert habe ich Landespflege, Psychologie und Englisch sowie eine zusätzliche Ausbildung als Touristikkauffrau gemacht. Zwei Kinder und ein wunderbarer Ehemann haben mein Leben stark geprägt, aber auch der frühe Verlust meines Mannes. Ich interessiere und engagiere mich für Gesellschaftspolitik und die Vielfalt der Natur.

Schreiben ist mehr als ein Hobby für mich, es ist eine Leidenschaft, die lebendig hält. Für kreatives Schreiben ist es ganz wichtig, offene Sinne zu bewahren. Mich beeindrucken die Bilder der Natur um mich herum, besonders die Veränderungen im Verlauf der Jahreszeiten – diese schildere ich gerne in Gedichten. Und dann gibt es natürlich die Bilder meiner eigenen Phantasie. Auch sie werden zu Worten und Geschichten, ebenso wie ich meine moralischen Überzeugungen gelegentlich ausdrücken muss, was selbst in meinen Krimis durchscheint.

Seit 2012 habe ich sechzehn eigenständige Bücher in verschiedenen Genres veröffentlicht.

Bibliographie:

Immanuels Geschichten – Reisen in die Hoffnung, Märchenhafte Abenteuer, Taschenbuch und E-Book April 2020

Weit draußen – Mordermittlung auf St. Kilda, Ein Schottland-Krimi. Taschenbuch und E-Book, November 2019

Worte finden bei Trauer und Schmerz – Abschied bewältigen, Gedichte, Bilder und Geschichten. Hardcover, Taschenbuch und E-Book, August 2019

Was immer bleiben sollte. Lyrik zu Heimat und Welt, Taschenbuch und E-Book, August 2019

Weihnachtszeit friedlich sanft bis mörderisch böse, Taschenbuch und E-Book– November 2018

Waldemar Kein Nazi - Kein Held - Kein Ruhm, Hundert Jahre kleiner Mann in Deutschland (1918-2018), Taschenbuch und E-Book, Oktober 2018

Die Liebe der Trollprinzessin, Ein Fantasy-Märchen, Taschenbuch und E-Book Juli 2018

Du sollst nicht schreiben! Mord unter Schriftstellern, Krimi, Taschenbuch und E-Book, November 2017

Lucius – Die Bürde der Prophezeiung, Fantasy-Roman, Taschenbuch und E-Book, September 2017

Weihnachten zart-herb, Geschichten und Gedichte, Taschenbuch und E-Book, November 2016

Neue Liebe pünktlich zum Fest, Romanze, E-Book, Nov. 2016

Warum funktioniert der Computer wieder nicht? Heiter – satirischer Ratgeber zu digitalen Generationskonflikten, Taschenbuch und E-Book, Mai 2015

Mord bei Kurs Nord – Zwei Freundinnen ermitteln, eine amüsante Detektivgeschichte, E-Book, August 2015

Wenn Wellness nicht gut tut, Krimi, E-Book, November 2015

Kein roter Faden – weil das Leben bunt und unfair ist, Geschichten für lange und kurze Momente, Taschenbuch und E-Book, August 2013

Ausführliche Beschreibungen der Bücher findet ihr auf meiner Autorenseite unter „Notizen" und im Fotoalbum "Veröffentlichte Bücher" hier:

https://www.facebook.com/greschkeb/?ref=bookmarks